LE PETIT MANUEL

DU

CONSERVATEUR

PAR

ÉDOUARD BOINVILLIERS

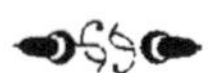

PARIS
IMPRIMERIE CHARLES SCHLAEBER
257, Rue Saint-Honoré

1891

LE PETIT MANUEL

DU

CONSERVATEUR

1

CONSEILS DONNÉS AUX CONSERVATEURS

LE PETIT MANUEL

DU

CONSERVATEUR

PAR

EDOUARD BOINVILLIERS

PARIS
IMPRIMERIE CHARLES SCHLAEBER
257, *Rue Saint-Honoré*

1891

A M. Eug. GUYON,

Directeur de « la Patrie ».

MON CHER DIRECTEUR,

*Je vous envoie quelques articles de journaux, où je prêche, à l'avance, la concorde entre conservateurs, en vue des élections générales de 1893, et où je propose pour drapeau commun l'*élection du chef de l'Etat par le peuple.

Par la constance inaltérable de votre foi dans cette doctrine politique, par l'influence du grand journal que vous dirigez si utilement, personne plus que vous n'est en mesure de défendre cette belle thèse de la liberté rendue au pays.

Agréez, mon cher Directeur, l'assurance de mes meilleurs sentiments.

Ed. B.

LES DÉCOURAGÉS

LES DÉCOURAGÉS [1]

Chez nos amis les conservateurs, on compte un certain nombre de découragés. Les uns, retirés dans leurs châteaux, s'adonnent à la chasse quand ils sont jeunes, et, s'ils ne le sont plus, à l'exploitation de leurs domaines ou à la recherche passionnée d'une rose inédite ; on rencontre les autres flânant sur nos boulevards ou arrêtés, le nez en l'air, devant les colonnes où s'étalent les affiches de spectacles, ou bien encore courant de de cercles en cercles, de visites en visites, pour tuer le temps qui se traîne entre le déjeûner et le dîner. Ne faites jamais allusion devant eux à cette affreuse politique qui naguère les passionnait : ils prétendent y avoir perdu leur repos, leur argent et leurs espérances.

« Sans doute, disent-ils, la République est un
» gouvernement détestable, mais on a essayé de
» tous les moyens de le renverser ; et il dure en-
» core, il est désormais maître du terrain, comme
» les mauvaises herbes qu'on a trop longtemps

1. Journal *l'Autorité*, du 25 mai 1890.

» tolérées; c'est fini et bien fini! Après une aussi
» longue et aussi cruelle expérience, bien fous
» ceux qui continueraient une lutte sans profits
» comme sans gloire. Le peuple est mou, le
» bourgeois indifférent et le grand seigneur ter-
» rien ou boursier est un boudeur tranquille ou
» affairé. Le Français connaît son mal, mais ne
» se sent plus capable d'un effort pour rentrer
» dans la bonne voie. »

Ne parlez jamais à ces découragés de l'espoir qui réchauffe notre cœur, de la chance qui reste à ce noble pays de retrouver dans le monde la place qu'il y occupait jadis : ils vous regarderaient comme un gêneur qui vient troubler leurs plaisirs, et, si votre âge s'impose à leur respect, il vous serreront la main avec ce sourire aimable, mais plein de compassion, qu'on accorde d'habitude aux vieillards qui commencent à se répéter.

Un esprit sain et droit peut affirmer cependant qu'il y a honneur et profit à continuer la lutte.

M. Thiers, en racontant les guerres de la Vendée, admire fort le courage de ses paysans, mais se demande, en bon bourgeois qu'il est, s'ils n'auraient pas mieux fait de se soumettre d'abord à la République, inévitablement triomphante.

Assurément non. Ils ne devaient pas cesser la lutte et ne devaient pas recevoir de coups sans les rendre avant d'avoir épuisé toutes leurs forces! Ils tombaient pour leur foi outragée, donnaient au monde la preuve irréfutable de la fermeté de leurs sentiments religieux et forçaient ainsi le respect de leurs adversaires.

Après bien des combats, un silence funèbre régna sur ces landes désertes, peuplées seulement çà et là d'humbles croix de bois noir; les gars étaient morts, mais leur cause était triomphante parce que c'est la gloire des persévérants et des courageux de s'imposer par delà le trépas.

Quand on signe la paix entre peuples jusque-là ennemis, la répartition proportionnelle des avantages conquis se fait en raison des sacrifices consentis et des dangers courus : c'est une règle acceptée par tous les diplomates. Entre adversaires réconciliés, la règle est la même, et le parti vaincu a droit à d'autant plus d'égards et de réparations qu'il s'est montré plus vaillant.

Si les Vendéens s'étaient inspirés par avance des conseils de l'historien de la Révolution française, s'ils s'étaient contentés de fermer la porte de leurs chaumières et de s'y tenir cachés pendant l'orage, s'ils avaient subi, inertes, l'injure faite à leur foi, est-ce que le général républicain Hoche aurait pu écrire, pour ses officiers, ses admirables et politiques instructions où il leur recommandait de respecter les prêtres, de venir discrètement en aide à ceux que la guerre avait privés de leurs ressources et d'assister à la messe quand l'occasion s'en présenterait ? Est-ce que Napoléon, le grand réparateur de la machine politique détraquée, aurait pu signer le Concordat et relever définitivement les autels ? Dans cette belle œuvre de réconciliation, il avait pour guide, pour appui, pour raison souveraine à donner à ses adversaires, la conduite de ces héros vendéens qui avaient prouvé la vitalité de leur cause par leur héroïsme même.

On vient de voir que se battre pour l'honneur peut être un bon calcul ; il faut ajouter que la lutte, de nos jours, est bien plus facile qu'autrefois. Il ne s'agit plus de ces héroïques et affreux combats entre fils d'une même patrie ; le bulletin de vote a remplacé la cartouche, et, n'en déplaise aux preux qui veulent faire parler la poudre quand même, qui s'irritent de voir l'habileté supérieure au courage, la calomnie faire plus de ravages que le fusil et les friponneries électorales du gouvernement rester impunies, les mœurs ne changeront pas pour eux, et toutes leurs récriminations resteront vaines et pur exercice de rhétorique, parce qu'il faut avant tout apprendre à se servir des armes politiques que l'on a.

D'ailleurs, quand nos découragés énumèrent tristement les combats pacifiques qu'ils ont livrés et perdus, ils semblent oublier les trois millions cinq cent mille voix qui ont défendu leur politique et ne paraissent pas se douter que ce chiffre d'opposants — non pas seulement à la marche, mais à la forme même du gouvernement — n'a jamais été atteint ni en France ni dans aucun pays du monde ; c'est un événement unique, imprévu, formidable, et la plus grande poussée conservatrice qu'un homme d'État ait jamais constatée.

La Chambre de 1815, nommée cependant sous la pression de nos malheurs et avec une liberté qui n'a jamais été contestée, ne contenait pas au début de sa session un seul député élu comme opposant au régime impérial. Le pays avait donné à cette assemblée le mandat impératif de défendre l'Empire et l'Empereur contre les ennemis du dedans et du dehors : elle a failli à sa mission, mais le pays n'avait pas manqué à la sienne. Les Chambres de la Restauration, celles de Richelieu comme celles de Villèle et de Martignac, contenaient assurément des *libéraux*, mais si peu d'*intransigeants* contre la royauté légitime que, lorsque 1830 arriva, les 221 eux-mêmes protestèrent jusqu'à la dernière heure de leur fidélité dynastique. Il ne fallut rien moins que les faveurs du roi des Français pour fermer ces bouches obstinément ouvertes pour acclamer le roi de France. Louis-Philippe, pas plus que ses prédécesseurs, n'eut à se plaindre des électeurs qui lui envoyaient intrépidement des majorités favorables à sa royauté ; aussi, lorsqu'en 1848 les gardes nationaux en goguette renversèrent le trône par mégarde, en croyant ne renverser que Guizot, furent-ils dans la consternation, car ils détestaient la République. Sous l'Empire, la France n'envoya au Corps législatif que cinq républicains, réduits à quatre à la fin du régime par la démission de M. Emile Ollivier ; quant aux célèbres 116, que l'exemple de l'Empereur avait entraînés vers le parlementarisme, il n'y en a pas un qui n'eût regardé comme une injure l'accusation d'avoir abandonné l'Empire.

On peut donc affirmer qu'à toutes les époques de notre histoire contemporaine le pays resté opiniâtrement conservateur sous les monarchies d'origines les plus diverses, a envoyé au Palais-Bourbon des majorités presque universellement dynastiques. Au contraire, et depuis que la République est gérée par les républicains, il a rompu avec une tradition séculaire et proclamé par la voix de plusieurs millions d'électeurs qu'il n'est pas républicain. Aucune contradiction n'est possible à ce sujet, car les électeurs depuis dix ans séparent nettement les candidats en *conservateurs* et en *républicains*, et les nôtres, sauf quelques rares exceptions, n'ont jamais caché leur opposition bien connue au régime politique actuel. Les conversions subites à la République ne se font pas au grand jour des élections générales, il leur faut le clair-obsur de la Chambre.

Admirons donc le juste instinct du pays et le réel courage de ces légions de citoyens qui luttent sans repos ni merci contre un gouvernement qui cependant dispose de toutes les grâces ; suivons la route qu'ils nous indiquent et inspirons-nous de leur vaillance. Abandonner la lutte, avec un pareil appui, ce serait forfaire à l'honneur et tourner le dos au succès.

Cet article du journal l'*Autorité* a provoqué dans la presse gouvernementale un concert de dénégations indignées. Le *Rappel*, les *Debats*, le *XIX*e *Siècle*. le *Temps* — pour ne citer que les principaux — s'évertuèrent à prouver que les candidats conservateurs ne se présentaient pas comme hostiles à la République. Les honorables rédacteurs de ces feuilles politiques fort justement estimées n'ont pas conservé, dans cette occasion, le respect qu'ils doivent à leurs abonnés et au public : Prétendre, en effet, que nous sommes connus des électeurs pour de fermes républicains et que nous sommes élus comme tels est déjà une énormité, mais le conclure de nos professions de foi en est une autre : les Royalistes ont bien admis, comme moyen de consultation populaire, la Constituante, tandis que, dans le même but, les Impérialistes réclamaient le plébiscite, mais ce qu'ils demandaient tous deux, n'etait pas la République, mais un acte de la souveraineté nationale décidant sur son sort. Ce respect du suffrage universel suffirait à prouver que nous ne sommes pas républicains, ces derniers n'ayant jamais admis que théoriquement le droit du peuple à choisir son gouvernement.

Veut-on aller plus loin, et nous convaincre, pièces en mains, qu'aucun candidat, aussi bien à droite qu'à gauche, n'a posé la question de gouvernement ? mais alors comment prétendre que le peuple l'a résolue ?

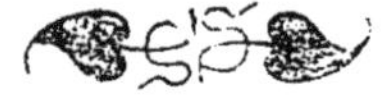

CINQUANTE CENTIMES D'AMENDE !

CINQUANTE CENTIMES D'AMENDE ! (1)

Dans une réunion publique, organisée en vue des élections municipales à Paris, un orateur s'est écrié : *Il y a encore quelqu'un de plus bête qu'un républicain au pouvoir, c'est un conservateur dans l'opposition !*

Assurément cet orateur était un homme fort mal élevé et s'il avait dit tout simplement : *les républicains n'ont pas le sens du gouvernement et les conservateurs ne l'oublient pas assez quand ils font de l'opposition*, sa phrase moins pittoresque eût été peut-être moins applaudie, sans cesser d'exprimer une pensée fort juste.

Dans l'opposition on ne doit pas oublier son rôle d'opposant : chez nous, au contraire, on se demande, avec une certaine candeur, si une contradiction trop fréquente n'aurait pas pour effet

---

(1) Extrait de la *Revue de la France Moderne* (N° de Mai 1890).

d'agacer les nerfs de nos gouvernants et de les rendre ainsi plus malfaisants. Sous le nom de modération le conservateur cultive tous les genres de faiblesses, et par la crainte du pire il se jette souvent dans le détestable ; avec un peu de fermeté il s'arrêtait autrefois à Dufaure, et pour en avoir manqué, il a roulé jusqu'à Constans : honnête, mais indolent, craignant par dessus tout le qu'en dira-t-on, on le verra, pour éviter le reproche d'obstruction, tourner le dos à la délivrance ; les émollients, les sirops, les cataplasmes remplissent toute sa boîte de pharmacie, et pour aveugler les énormes voies d'eau faites à la digue sociale, il essaiera d'abord de quelques chiffons de batiste.

La théorie du laissez-faire, laissez-passer est du domaine économique et n'a rien de commun avec la politique d'opposition ; celle-ci préfère l'ardeur à la sagesse, la passion à la raison et redoute même le culte trop fervent d'une impartialité qui énerve la volonté et conduit bientôt à l'indifférence. Il faut nous rappeler sans cesse qu'en voulant tout ménager on s'expose à tout perdre et aussi que l'opposant, pour réussir, doit avoir recours aux couleurs éclatantes et au langage sonore. Quelle chance, en effet, d'être distingué par la foule en revêtant un complet gris et en débitant, sur les tréteaux, des suavités académiques ? l'ardeur au combat, l'audace et l'esprit de discipline, l'ambition et la pauvreté, toutes les qualités qui conquièrent, nous manquent à la fois ; nous n'avons que les vertus qui conservent : l'honnêteté, la prudence de l'homme arrivé et une crainte horrible des aventures. En vérité, c'est insuffisant ; il convient d'aviser au plus tôt.

Imitons les Grecs qui recommandaient à tout citoyen de se bien connaître afin de se bien conduire : la connaissance que nous aurons de nos défauts nous évitera, par la suite, bien des erreurs. En attendant que nous soyions parfaits il est une petite réforme que nous pouvons essayer sans trop grands frais de virilité : celle de notre langage politique encore plein d'incorrections. En nous surveillant de ce côté nous arriverons à modifier peu à peu nos mœurs électorales ; qui châtie sa parole est bien près de châtier sa conduite.

Vous vous rappelez le chef-d'œuvre de Sardou, qu'on appelle *Rabagas*, et le conciliabule de journalistes où l'on agitait les plus hautes questions sans oublier les nécessités d'un langage approprié à l'ordre de choses nouveau. Le bon Dieu gênait ces messieurs — on ne sait trop pourquoi puisqu'il avait été assez bon pour permettre leur victoire, — mais il est certain que la brouille existait depuis longtemps entre ces deux puissances rivales, et nos philosophes avaient résolu de faire sentir à leur ennemi tout le poids de leur rancune ; à cette fin ils décrétèrent une amende de cinquante centimes à recouvrer sur tous les républicains qui s'oublieraient au point de prononcer le nom détesté.

Si nous agissons de même, non pas envers Dieu, dont nous acceptons les décrets mais à l'égard d'une foule de locutions vicieuses de notre langage politique, notre caisse électorale se remplirait bien vite jusqu'à déborder. Si vous en doutez, entrons ensemble à ce tribunal spécial où se jugent ces causes d'une nouvelle espèce.

Le Président. — Accusé, on vous a entendu, hier, prononcer cette phrase : *Il faut enfin s'occuper d'affaires et non de politique.*

Rép. — C'est exact, mon président, mais je ne pensais pas avoir dit une chose répréhensible.

Le Président. — Le propos, en effet, part d'une âme plus ingénue que coupable. Apprenez donc que toute affaire a un côté politique : un crédit à ouvrir pour les instituteurs engage la question de laïcisation ; un tarif sur les raisins secs préjuge le libre-échange ou la protection : le Budget, qui est l'affaire par excellence, ouvre nécessairement la porte à toutes les discussions politiques ; l'élection d'un conseil municipal dans la plus petite bourgade du pays sépare la population en deux camps hostiles ; la moindre somme votée pour venir en aide à nos compatriotes molestés sur un point quelconque de la surface du globe est grosse de conséquences internationales.

Mais il y a plus ; sous le régime parlementaire : un projet présenté par qui que ce soit soulèvera toujours à la Chambre une discussion essentiellement politique, par cette très simple raison qu'on ne votera jamais ce projet avant de s'être assuré, à gauche comme à droite, que son adoption ou son rejet aura pour effet la consolidation ou le renversement du ministère.

Cinquante centimes d'amende... Huissier, faites entrer un autre accusé !

*
* *

Le Président (à l'accusé). — Des personnes, dignes de foi, assurent que vous avez prononcé publiquement cette parole : *Je suis impartial et n'appartiens à aucun parti.*

Rép. — C'est vrai, mon président, et non-seulement je ne me repens pas d'avoir tenu ce langage, mais je m'en vante.

Le Président. — Eh bien, mon ami, il n'y a pas de quoi ; d'abord parce qu'il ne faut jamais être impartial entre le bien et le mal, entre le conservateur que vous devez défendre et le républicain que vous devez combattre, et ensuite parce que vous répétez, sans en avoir conscience, un non sens absolu. Tout le monde vote en France, il y a donc un moment où vous serez obligé de voter en faveur d'un parti ; alors pourquoi ne pas cultiver et faire grandir dès aujourd'hui celui qui vous paraît devoir assurer le salut commun ?

Rép. — *Il faut mettre la France au-dessus de tous les partis !*

Le Président. — Accusé, n'aggravez pas votre position par une nouvelle sottise ; c'est comme si vous disiez : je place la France au-dessus de tous les gouvernements, car un parti n'est qu'une forme du pouvoir. Or, je ne connais pas sur la terre un peuple qui puisse se passer de gouvernement. Il y a d'ailleurs des soupçons qui ne doivent pas effleurer de braves et courageux citoyens comme vous ; nos adversaires ne manqueraient pas d'insinuer que vous ne vous attachez à aucun parti que pour ne pas déplaire à celui qui arrivera.

Cinquante centimes d'amende !... Huissier, faites entrer les candidats conservateurs de nos dernières élections législatives.

Le Président : *Au 1er accusé.* — Votre profession de foi révèle d'excellentes intentions ; vous réclamez avec énergie le rétablissement de l'équilibre financier par une administration économe ?

Au 2e accusé. — Vous vous êtes élevé avec courage contre les lois d'exil ?

Au 3e accusé. — Vous voulez l'école libre, et vous exigez pour elle l'instruction religieuse ?

Au 4e accusé. — Vous avez demandé qu'on respecte la culture des hautes études et le recrutement du clergé, dans la discussion de notre loi militaire !

Au 5e accusé. — Une protection efficace pour l'agriculture et le travail national vous paraît le premier de nos besoins ?

Réponse unanime des accusés. — Oui, mon Président !

Le Président.— Messieurs, je ne saurais proclamer assez haut la droiture de vos intentions et le souci patriotique qui vous anime, mais vous commettez tous le même oubli : il ne suffit pas, en effet, d'énumérer toutes les belles choses qu'on voudrait avoir pour que les électeurs nous les donnent; il faut, encore et surtout, que vous leur fassiez connaitre les moyens de se les procurer. Nous autres, conservateurs obscurs, relégués sur la rive droite du fleuve par un gouvernement qui siège sur la rive gauche, nous avons faim et soif de toutes les belles réformes que vous promettez, et ce n'est pas généreux de nous tenter de la sorte sans nous secourir : à quoi bon nous montrer ces splendides provisions, si vous n'avez aucun moyen de les faire toucher à notre rivage désert ? Où sont vos bateaux, où sont vos hommes pour les conduire ? Quand vous étiez devant le peuple, vous vous réclamiez tous de la souveraineté nationale, qui est, en effet, le seul moyen connu de clore l'interminable débat entre nos préférences politiques diverses. Pourquoi, depuis que vous êtes à la Chambre, n'est-il plus question de cette consultation populaire, qui doit rester la plus vive, la plus constante de vos préoccupations ?

Les Accusés. — Monsieur le président, si nous n'en parlons plus, c'est par crainte de montrer nos divisions devant l'ennemi commun.

Le Président. — C'est justement parce que vous êtes divisés sur le but à atteindre, qu'il faut trouver un moyen de combattre utilement cette division ; personne ne vous fera un crime de garder fort honnêtement vos convictions, mais on ne vous pardonnera pas d'éloigner le moment où notre juge souverain à tous doit prononcer entre elles, et finir ainsi et d'un coup toutes nos misères.

Cinquante centimes d'amende !... huissier à un autre.

⁂

Le Président, à l'accusé. — Vous avez pris le titre de *conservateur indépendant* ; expliquez-nous votre *adjectif* ?

L'Accusé. — Cet adjectif n'a pas besoin d'explication, il dit tout ce qu'il veut dire.

Le Président. — Alors c'est une impertinence pour vos collègues de la Droite que vous ne jugez pas assez indépendants ?

L'Accusé. — Loin de moi cette pensée, je veux dire seulement que je ne suis inféodé à aucun parti.

Le Président.— Ce qui revient à dire que vous voulez en former un nouveau.

L'Accusé. — Comment cela ?

Le Président. — On n'est pas un homme politique digne de ce nom, à moins d'avoir un programme ; or tout drapeau abrite un parti.

L'Accusé. — Eh bien ! oui, je l'avoue, je suis conservateur républicain !

Le Président. — Je ne partage pas votre goût pour les antithèses, mais comme tous les goûts sont dans la nature, je n'ai rien à y voir ; désormais rayez le mot indépendant qui, dans l'espèce, n'a aucune signification...

Cinquante centimes d'amende !... huissier à un autre.

***

Le Président. — On vous accuse de répéter fréquemment cette platitude : *moi, je ne demande pas mieux que de devenir républicain si la république nous gouverne bien.*

Rép. — Je pense ainsi me montrer sage et conciliant.

Le Président. — Au contraire, vous étalez au grand jour votre inutilité dans le corps social ; il ne s'agit pas de savoir ce que vous penserez et ce que vous ferez si l'hypothèse impossible d'une république avouable venait à se réaliser, il faut dès aujourd'hui agir et faire agir autour de vous, dans le sens de nos idées communes : quel profit, quel enseignement peut tirer un électeur qui viendra vous consulter au moment de voter, si vous lui débitez votre rengaine accoutumée ? Autant vaudrait lui répondre : « J'ai du bon tabac dans ma tabatière. »

Cinquante centimes d'amende. (Huissier à un autre).

Le Président à l'Accusé. — Vous affectez de beaux sentiments patriotiques en vous écriant à tout propos : *Tout pour la France* ! Qu'entendez-vous par cette parole ?

Rép. — J'entends qu'un bon citoyen doit être prêt à tous les sacrifices pour la France.

Le Président. — Auriez-vous la généreuse pensée de sacrifier votre fortune pour Elle ?

Rép. — Monsieur le Président veut plaisanter sans doute ; en effet, en quoi ma modeste fortune pourrait-elle venir en aide à une Personne qui a plus de trois milliards de revenus ?

Le Président. — Alors ce sont vos convictions que vous voulez sacrifier sur l'autel de la Patrie ?

Rép. — Je n'ai pas de convictions dans le sens étroit et habituel du mot, je n'ai qu'un amour : celui de mon Pays.

Le Président. — Alors ce *Tout* pour la France se réduit à *Rien*. Je m'en doutais ; cinquante centimes d'amende....

Messieurs, l'audience est levée.

LA DOCTRINE RÉPUBLICAINE

LA DOCTRINE RÉPUBLICAINE (1)

Que de rêves ingénus et charmants la République a fait naître dans l'âme de la jeunesse! C'est le gouvernement de tous, c'est le pouvoir confié au plus digne, c'est l'oubli des vaines querelles d'autrefois; sous ce règne béni, on ne fera plus la guerre que pour se défendre, on sera économe des deniers publics et riche de vertus; le pays lui devra le magnifique spectacle de toutes les libertés se contrôlant elles-mêmes et s'arrêtant sur la pente de la licence; enfin, grâce à l'inclination particulière que ce régime politique a toujours montrée pour les faibles et les déshérités de la fortune, il sera la véritable providence des malheureux.

La thèse est admirable, mais sa pratique fut toujours malfaisante: elle a développé chez les citoyens tous les vices qui ruinent une société, et comprimé tous les sentiments généreux qui la font vivre.

---

(1) *Revue de la France moderne* (Août 1890).

***

Les écoles primaires sont partout, quoique partout elles ne soient pas fournies d'élèves ; on y apprend à lire et à compter, ce qui est bien ; on y donne même quelques leçons de jardinage et c'est parfait ; mais on n'y fait jamais allusion à la conscience que pourraient posséder ces charmantes petites bêtes qu'on instruit sans les éduquer. Sans doute pour préserver chez elles des penchants israélites, musulmans ou calvinistes, encore bien peu décidés, on les éloigne de tout sentiment catholique et religieux avec la sollicitude inquiète d'une mère préservant son enfant contre la contagion.

Dans le jargon du jour, on appelle ce néant la liberté de conscience. Il est certain que Dieu ne plaît pas aux docteurs de l'Université nouvelle, et sauver un enfant des périls de la première communion leur paraît une œuvre pie, puisqu'elle donne droit à l'avancement. Nos fils de paysans ne comptent pourtant pas beaucoup de trêves dans leur lutte pour le pain quotidien, et il est vraiment cruel de les priver de cette poésie de leur printemps. Adieu les jolis rêves de bonheur et de sainteté, les bonnes provisions de courage contre l'infortune, et le sentiment du devoir pour la première fois évoqué; ils ne verront pas le cadre charmant de cette fête de l'âme : les parents avec leurs habits des beaux jours, la nature qui se réveille et se pare, l'orgue, les fleurs et la figure paternelle de M. le curé; ce sont là des souvenirs qui leur manqueront dans la vie; le pauvre, plus encore que le riche, a besoin du ciel.

***

Au sortir de l'école le jeune homme, sans Dieu et par conséquent sans frein, est lâché sur la société. La doctrine républicaine lui enseigne que l'egalité s'entend de l'absence de toute supériorité, et ses précepteurs officiels lui répètent chaque jour que son ennemi naturel est le patron, ce riche sans cœur qui spécule sur la misère des pauvres gens, qui a frauduleusement acquis sa richesse et en fait un détestable usage. Dans de pareilles conditions, la notion de la discipline et du respect envers les chefs est absolument inconnue du jeune apprenti, et s'il ne fait pas plus de mal, il faut réellement lui en savoir gré. Cette partialité pour le bas de la société ne peut s'appeler du beau nom de charité : le gouvernement qui la pratique cultive au contraire dans le cœur des citoyens les plus vils instincts de l'homme : l'envie, et bientôt le goût de la vengeance.

***

Ce malheureux élève de la République est encore la dupe des chimères dont on a bercé son enfance, et plein des haines qu'on lui a dit légitimes quand il faut prendre un fusil et faire son service comme les camarades; alors il se souvient des manuels de l'école et des articles enflammés des journaux de la pure doctrine : « Les peuples » sont frères, la patrie n'est qu'une expression » géographique, et le dévoûment à cette abstrac- » tion n'est que sottise à l'usage des lourdauds; » à bas les armées permanentes et vive la garde » nationale! Quant à cette triomphante récom- » pense qu'on appelle la croix d'honneur, c'est » un hochet pour la vanité, c'est une invention » diabolique des réactionnaires pour faire tuer les » pauvres fous qui croient encore au dévoûment: » la belle avance d'avoir un morceau de calicot » rouge sur la poitrine, ça ne remplit pas l'esto- » mac! »

On se figure aisément ce que peut être le soldat imbu de pareilles doctrines; à ses yeux le caporal est un imbécile, le sergent un misérable bourgeois, le colonel un tyran, et, comme il ne manquera pas les occasions de leur faire connaître à tous ses sentiments, il passera sa vie au clou. Ce n'est pourtant pas lui qui a tort; quand on affirme que le patriote est un niais et la patrie une bêtise, il est vraiment absurde d'exiger qu'on se fasse casser les reins pour elle.

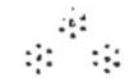

Après avoir quitté le régiment, il s'est marié. Pour rester fidèle aux instructions de sa jeunesse et aux exemples dont il est entouré, il s'est contenté, dans ce grand jour, des maigres pompes de la salle de la mairie et de la banale lecture des articles du Code, récités par M. le maire.

S'inquiétant peu des sentiments de la jeune femme, à laquelle il refuse l'entrée de cette église, dont elle a souvent franchi le seuil et où sa mère s'est mariée, l'imprudent ne comprend pas le danger qu'il court à forcer, à cette sorte de concubinage légal qu'on appelle un mariage civil une fille habituée à d'autres mœurs. Elle sent confusément qu'on oublie tout ce qu'il y a de saint et d'élevé dans son union ; sa fierté comme sa pudeur sont légitimement inquiètes en constatant que son mari vient de signer un contrat vulgaire, comme celui qui l'aurait rendu propriétaire d'un cheval ou d'une vache, et qu'un bien acquis de la sorte peut être facilement mis au rebut.

Cette philosophie républicaine, par horreur de ce qu'elle appelle l'obscurantisme religieux, tombe ainsi dans le plus dégradant matérialisme.

Voilà notre marié de l'an passé père de famille, obligé à un labeur quotidien, qui lui semble fort au-dessous de sa capacité, et au sujet duquel il est comme d'habitude en querelle avec le patron. Il a heureusement remarqué que, sous la République, les grands et les petits emplois ne vont pas au plus digne, comme la doctrine le voudrait, mais au citoyen dont le zèle républicain s'affiche avec le plus d'éclat. De là à calomnier le détenteur de la place convoitée il n'y a qu'un pas ; il est vite franchi, et il suffit le plus souvent de convaincre le malheureux d'avoir assisté à la messe ou d'avoir fait la partie de M. le Curé pour qu'il encourre une disgrâce immédiate. Ainsi arrivé, par de honteux moyens, au comble de ses vœux, notre triste héros devient l'oracle de ces cabarets, qu'une administration désireuse de plaire à ses électeurs a multiplié dans des proportions fâcheuses pour leur santé et leur raison. Il passe sa vie à lire les journaux, qui ravivent sa haine contre ceux qui s'élèvent au-dessus de lui, et, quant aux plaisirs de son esprit, il les trouve en abondance au bas de la page, dans les feuilletons tout puants de scènes de débauches ou terrifiants par leurs récits de meurtres et de pillage.

La logique d'une pareille existence tout entière consacrée au culte de ses appétits et de ses colères, c'est l'enterrement civil, c'est le trou où l'on pousse du pied les chiens morts.

Un grand pays, comme le nôtre, trop longtemps énervé et affaibli par une aussi détestable éducation, serait hélas une proie bien facile pour l'étranger !

Serrons-nous donc les uns contre les autres pour éviter un pareil désastre ; faisons appel aux républicains honnêtes qui ignorent assurément où on les conduit; groupons les bons citoyens, ceux qui voient dans l'homme un corps et une âme, et non pas seulement un animal intelligent mais sans conscience, ceux qui savent qu'une société ne saurait vivre quand on y prêche l'indiscipline et la révolte, ceux qui se laissent encore entraîner et attendrir par un acte de dévoûment au lieu de pleurer de rage devant une supériorité qu'on ne peut abattre; groupons enfin les gens de bien pour lesquels Dieu et la Patrie ne sont pas de vains mots.

Tout n'est pas perdu, mais tout le serait bientôt si, de gré ou de force, on n'arrête pas l'application d'une doctrine que l'on a fait impie et funeste en la détournant de sa voie.

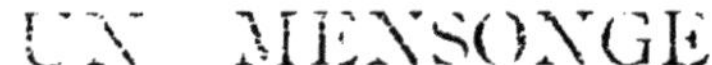

UN MENSONGE

UN MENSONGE[1]

A la Chambre les groupes de Droite, bien qu'à des degrés différents, ont subi l'influence de ce mensonge : *La France est républicaine, puisque depuis douze ans elle nomme une majorité de députés républicains.*

Or, ce prétendu axiome est faux :

Le pays, consulté par des élections générales de députés, ou par un plébiscite, ne donne jamais la même réponse.

*
* *

Ces réponses différentes s'expliquent très naturellement en théorie comme en fait.

Dans une élection de députés l'électeur nomme un homme, et ne se prononce pas sur la forme du pouvoir ; quel que soit l'effort des partis tendant à classer chaque candidat sous l'étiquette d'un quelconque de nos gouvernements, l'homme

(1) *Revue de la France moderne.* (Janvier 1890).

reste avec ses qualités, ses défauts, son entourage, sa situation de fortune, la sympathie ou l'antipathie qu'il inspire, les intérêts matériels qu'il représente et les rivalités dont il profite ou qui l'écrasent.

X. est royaliste et riche. Y. est bonapartiste et recule devant la grosse dépense d'une élection. X. est nommé : est-ce à dire qu'il n'y a pas d'électeurs impérialistes dans la localité ?

X. est républicain. Y., le conservateur, habite la même circonscription électorale ; or, l'électeur ne veut pas avantager un même arrondissement en y prenant deux députés. X. ou Y. est forcé de se retirer, est-ce à dire qu'il n'y a point dans le pays d'électeurs favorables aux opinions du candidat qui s'abstient ?

X. est conservateur et soutient un intérêt local, par exemple le refus de la dérivation de l'Avre. Y. républicain, jusque-là toujours élu dans son arrondissement, est blackboulé; faut-il en conclure qu'il n'y a plus de républicains dans l'Eure ?

X. est catholique et impérialiste, il ne réussira pas dans un département protestant. Y. est protectionniste et royaliste : dans un département du centre, il a chance de passer, dans un arrondissement du midi, il échouera.

Il n'y a pas d'ailleurs, dans ces élections, à ménager seulement les intérêts matériels, il faut compter encore avec les rivalites de clochers, avec les animosités de familles, etc. Que de causes d'erreurs, si l'on voulait conclure de l'opinion d'une députation à celle du pays ! Comme il est impossible, à travers ces intérêts locaux et privés, si nombreux et parfois si contraires, de se rendre compte des préférences de la nation au sujet de la forme de son gouvernement !

Ajoutons encore qu'il existe en France une cause spéciale d'erreur : notre paysan est plus conservateur qu'en tout autre pays, parce qu'il est propriétaire de son champ ; il votera donc souvent pour le républicain parce qu'il est en pied ; mais que la République soit mise en question par le plébiscite, alors il reprendra sa liberté : or, sa réponse peut n'être pas la même dans les deux cas.

On voudra bien remarquer que nous appuyons notre raisonnement sur des considérations absolument etrangères à la pression gouvernementale en sorte que cette pression venant, contre toute vraisemblance, à disparaître, nos conclusions resteraient les mêmes. Toutefois, comme en politique les faits ont une importance supérieure à tous les raisonnements du monde, c'est aux faits que nous allons demander leurs enseignements.

*
* *

L'Assemblée nationale réunie le 4 mai 1848 avait acclamé la République et nommé pour ses ministres les citoyens : Bastide, J. Favre, Charras, Recurt, Carnot, Trélat, Flocon et Duclerc. La députation nouvelle ne pouvait donc accuser d'une manière plus forte, on pourrait même dire plus aiguë, son sentiment républicain et parlementaire.

Le 10 décembre 1848, le prince Louis-Napoléon Bonaparte est plébiscité par près de six millions de suffrages, tandis que le très honorable général Cavaignac, qui disposait de toutes les forces du gouvernement, ne recueille que quinze cent mille voix. Impossible d'accuser avec plus de précision les espérances monarchiques et les goûts autoritaires du pays.

L'écart entre ces deux manifestations est donc complet. Veut-on prétendre que cette Assemblée a été révolutionnaire parce que le pays était encore bouleversé par la secousse de Février? Mais, après le plébiscite de décembre, alors que la France avait manifesté d'une manière si éclatante ses sentiments conservateurs, la députation de mai 1849 entra en lutte ouverte avec le chef de l'Etat élu par le peuple.

Vingt ans plus tard, il y avait encore en France des élections générales législatives, et le 23 mai 1869 Paris nommait pour ses représentants : Gambetta, Bancel, Ernest Picard, Raspail, J. Ferry, J. Favre, J. Simon, Eugène Pelletan, Garnier Pagès et Thiers. C'était l'apparition de la république sous le régime impérial, et dans toutes les grandes villes également les nominations avaient eu un caractère d'opposition marquée. Quelques mois après, la France fut convoquée dans ses comices pour répondre plébiscitairement à la question suivante : « Le peuple approuve les réformes libérales adoptées par l'Empereur et confirme entre les mains de la dynastie Napoléonienne la puissance qu'elle tient des plébiscites antérieurs. » Il arriva, et il était facile de le prévoir, que la lutte se concentra sur la question dynastique : les *libéraux*, qui auraient dû être enchantés de voir couronner par le peuple les réformes qu'ils demandaient, on pourrait dire qu'ils exigeaient, depuis tant d'années, furent épouvantés de la possibilité d'une acclamation nouvelle de l'Empire, et conseillèrent partout et avec la plus extrême violence de voter *non*. Le *Réveil* de Delescluze disait : « Voter *non* ou s'abstenir c'est condamner l'Empire, dans ses vices, dans ses institutions, comme dans sa prétention à l'hérédité ; entre l'Empire et la République la nation n'hésitera pas ; elle sera pour la République démocratique et sociale. » Le *Temps*, déjà *modéré*, redoute les *oui*, mais supplie doucement les électeurs de ne pas leur assurer une grosse majorité. Le *Rappel*, qui a les mêmes appréhensions, prend ses grands airs dédaigneux et affirme qu'en tout cas l'Empereur ne sera jamais qu'un Empereur *rural*, toutes les grandes villes devant voter contre lui. Inutile d'ajouter que les députés de Paris, depuis Picard jusqu'à Thiers, firent les plus grands efforts en faveur du *non*.

Or, à Paris, le gouvernement, sans être vainqueur, gagna sur l'opposition près de cinquante mille voix, et à Marseille un nombre de voix proportionnel. Quant aux départements qui ont pour chefs-lieux respectifs : Toulouse, Rouen, Lille, Lyon et Bordeaux, les *oui*, bien plus nombreux que les *non*, se répartirent respectivement et en chiffres ronds de la manière suivante:

Oui : 92—123—234—90—123 mille ;

Non : 26— 44— 36—52— 38 mille ;

En résumé, la France entière donna au gouvernement 7.900,000 voix, tandis qu'elle n'en accordait que 1,500,000 à l'opposition.

Les républicains étaient désespérés, et les impérialistes radicaux disaient à leurs adversaires : » Eh bien, voici un nouveau Deux-Décembre, » sans rigueurs, sans répressions, accompli au » milieu d'une liberté concédée jusqu'à la licence; » vous avez voulu nous faire faire amende hono» rable, et ce vote est pour vous une déroute plus » irrémédiable que la première ».

La tristesse des uns était, hélas ! aussi peu justifiée que la joie des autres : ne savons-nous pas que lorsque le Parlement est souverain, les hommes et les pratiques de l'opposition ne tardent jamais à couvrir et à étouffer la voix du pays ?

L'histoire impartiale s'arrêtera un instant devant ce cri formidable de : « Vive l'Empereur », poussé par huit millions d'hommes, quelques mois après le 2 janvier 1870, jour où le régime impérial avait pris fin.

Encore vingt ans après, une élection spéciale vint confirmer, une fois de plus, nos conclusions. L'année dernière on nommait à Paris un député; le Gouvernement proposa son candidat, et l'opposition fit choix de M. le général Boulanger ; comme la lutte avait pour champ de bataille le département de la Seine, et que près de six cent mille électeurs étaient convoqués, elle prit, aux yeux de tous, l'apparence d'un plébiscite au petit pied.

A cette époque, comme aujourd'hui, la députation de Paris était républicaine et révolutionnaire, et l'on se rappelle que le général battit son concurrent à plate couture (244,000 voix contre 162,000).

Sans doute, le général était républicain, l'est encore et ne saurait avoir, politiquement, une autre opinion. Mais il faut croire que sa république se différencie fortement de celle de nos gouvernants comme aussi de celle de la députation parisienne, car tous deux le combattirent avec acharnement, et, après la victoire de leur adversaire détesté, se couvrirent la tête de cendres.

Il faut donc avouer que la France a un autre avis, formule d'autres conclusions, donne des ordres différents, selon qu'elle est consultée plébiscitairement ou qu'elle est seulement appelée à nommer des députés. Le plébiscite est toujours conservateur ; la députation devient fatalement révolutionnaire.

En conséquence, il est faux de prétendre que la France veut la République par cela seul que depuis douze ans elle nomme des députés républicains.

FORCES PERDUES

FORCES PERDUES [1]

Le jeudi 23 janvier dernier, les Droites de la Chambre des députés se sont réunies et ont pris, sans grand fracas, une résolution qui peut devenir pour elles la source de graves ennuis.

Les Royalistes de droit divin, les Impérialistes de droit populaire et les Monarchistes qui ne veulent devoir leur trône qu'à l'acclamation des députés, ont admis officiellement aux honneurs de la réunion plénière un groupe nouveau, dont les tendances conservatrices ne sauraient faire doute pour personne, mais qui accepte comme un fait acquis et désormais indiscutable la forme républicaine.

Ce groupe qui pourrait être une ressource précieuse pour le pays, est désormais une force perdue dont l'action sera aussi stérile au sein du Parlement qu'en dehors de l'enceinte législative. Assurément rien n'est plus louable

(1) *Revue de la France Moderne* (1890).

que l'intention de ces honorables : ils ont conçu l'espérance d'attirer à une politique honnête et ouverte bon nombre de républicains, en leur concédant la république ; grâce à cet esprit pratique, grâce à cette intelligente abnégation, dont ils croient ainsi donner la preuve, ils estiment que le Parlement ne sera plus divisé en deux camps ennemis et pourra enfin s'occuper des affaires de la France, au lieu de se déshonorer par d'incessantes querelles et de cruelles injures.

Combien beau le rêve, mais combien grande l'erreur !

Les républicains, en effet, ne désarmeront pas, pour cette décisive raison qu'ils ne pourraient le faire qu'en se suicidant.

La leçon de l'histoire est formelle a ce sujet : chaque cause politique a son défenseur attitré et, quand l'une est en péril ou meurt, l'homme d'Etat qui la soutient voit d'abord son crédit s'amoindrir et, bientôt après, sa personnalité politique disparaître : cette leçon se tire aussi bien des grands événements de la vie des peuples que de leur pratique quotidienne.

La logique des faits, qui n'a pas les défaillances de la logique humaine, impose un nouveau chef à tout régime nouveau. La restauration des Bourbons de droit divin était une entreprise chimérique après la révolution qui avait installé sur le trône le droit populaire. La tendance constatée de la France à garder ses Empereurs, après 1815 et après 1870, alors que le régime parlementaire avait succédé au régime impérial, était une impossibilité égale. N'avons-nous pas vu, il y a peu d'années, ce que l'on gagne à troubler l'harmonie des choses et à faire gouverner une république par des monarchistes avérés ? Et aujourd'hui même, M. le Président Carnot n'hésiterait pas à devancer les événements et à quitter l'Elysée, si le moindre accroc arrivait à ce même régime parlementaire dont il est, à la fois, la plus haute personnification et la victime résignée.

Il faut donc que chacun reste dans son rôle, car les intérêts qui se confient à un régime politique quelconque sont légitimement inquiets, si on en remet la garde à un gouvernement nouveau.

Pendant la grande tourmente qui a suivi 89, les Feuillants, les Girondins et les Jacobins ont successivement exercé le pouvoir : n'eût-il pas paru aussi absurde qu'impossible de mettre Mirabeau à la tête des Girondins, Vergniaud à celle des Jacobins, et de faire conduire la réaction par Robespierre?

Richelieu, de Villèle, Polignac ont représenté, sous les Bourbons, des politiques différentes, de même que Thiers et Guizot, sous Louis-Philippe, de même que Rouher et M. Emile Ollivier, sous Napoléon III : chacun de ces personnages était voué à une politique déterminée et n'aurait pu changer de rôle sans être sifflé par la galerie.

Sous la République, la même loi produit les mêmes effets. M. Jules Ferry, quoique fort peu populaire, restera puissant tant que la loi scolaire vivra ; M. Reinach deviendra un personnage si la loi contre la presse aboutit ; M. Méline, hissé sur le dos des conservateurs protectionnistes, ne mordra pas la poussière tant que la protection battra le libre-échange. Par contre, les modérés stationneront à la porte des ministères, tant qu'ils passeront leur vie à se frapper la poitrine en signe de contrition et à verser des larmes amères sur leur propre inconduite ; ce sort lamentable et négatif attend tous ceux qui ne savent pas défendre une cause quelconque et qui abondent en tiers discours immédiatement suivis de votes honteux. Les radicaux, gens plus pratiques assurent leur fortune par la chaleureuse approbation qu'ils donnent à toutes les mesures antireligieuses : leurs votes sur ce point sont, pour eux et pour leurs familles, une source inépuisable de bienfaits : ces prêtres de la libre-pensée vivent de l'autel maçonnique. Enfin, n'est-il pas évident que les grèves, dont le premier résultat est de faire crever de faim les ouvriers, sont en même temps, et pour quelques malins, une mine à honneurs et à profits ?

⁂

Il faut donc se rendre.

En droit successoral, on connait l'axiome : *le mort saisit le vif ;* de même, en matière politique, la thèse soutenue et l'homme d'Etat qui la soutient ne font qu'un : la cause, c'est la pieuvre qui s'attache furieusement au dos du nageur et qui ne peut en être arrachée sans emporter la peau du patient.

Demander à un député républicain d'abandonner ce qu'il appelle, peut-être avec trop de complaisance, ses immuables convictions, c'est cependant lui demander de renoncer à son existence politique et aux bénéfices matériels qu'il a coutume d'en retirer ; c'est se montrer à son égard plus rude qu'un détrousseur de grand chemin, lequel ne lui demanderait que la bourse ou la vie, mais non les deux à la fois. Aussi la Droite entière se prosternerait aux pieds de cet incorruptible, elle affirmerait que jamais, au grand jamais, elle n'attaquera le principe républicain, qu'elle entend consacrer le restant de sa vie à la culture de la république, à la recherche de toutes les améliorations qu'elle comporte, et s'en constituer ainsi le défenseur jaloux et attitré, toutes ces belles protestations ne convaincront jamais l'obstiné collègue. En effet, la culture républicaine ainsi comprise ne lui dit rien qui vaille et il pense, non sans raison, qu'elle ferait naître, sur le sol politique, des Jolibois et des Larochefoucauld, des Du Barail et des Levert, des de Mackau et des Delafosse, lesquels, pour se conformer aux ordres précis qu'ils ont reçus de leurs électeurs, ne manqueraient pas de suivre, en toutes choses, une direction opposée à celles de leurs adversaires.

Mais alors, les thèses républicaines étant mises de côté, les républicains le seraient avec elles : Le nouveau président du Conseil l'avait bien compris, lorsqu'il disait il y a quelques jours : « Nous acceptons toutes les bonnes volontés *sur le terrain de la République*, mais nous refusons toutes concessions sur les *thèses républicaines* ; » il ne s'engageait à rien et cherchait à compromettre les conservateurs assez imprudents pour mettre le pied dans le camp ennemi sans l'excuse de la moindre compensation.

Pour que le rapprochement visé par certains de nos amis pût avoir lieu, les conservateurs devraient donc abandonner leurs principes, ou les républicains leurs bénéfices ; hypothèse doublement inadmissible, puisque les uns deviendraient de malhonnêtes gens et les autres des saints !

En résumé, la courtoisie des conservateurs pourrait leur coûter cher : elle amoindrira pendant toute la durée de la législature l'autorité d'une partie d'entre eux, parce que des concessions sans réciprocité ne sont qu'un aveu de faiblesse : elle risque aussi de les compromettre le jour où il faudra reparaître devant le Peuple, notre souverain juge, le jour où, en présence des républicains glorieux et railleurs, il faudra faire le triste aveu qu'on les imite et qu'on s'est engagé avec la république avant d'avoir obtenu le consentement de la France.

M. CARNOT ET LA DROITE INDÉPENDANTE

M. CARNOT [(1)]

ET

LA DROITE INDÉPENDANTE

Une députation de la Droite indépendante s'est présentée, paraît-il, à l'Elysée, pour se plaindre du mauvais accueil fait à ses offres de service ; elle a été reçue par M. le Président de la République, qui lui a répondu en ces termes :

» Je vous remercie, messieurs, de la confiance que vous me témoignez, et le meilleur moyen de m'en montrer digne, c'est de vous dire la vérité avec la courtoisie qui vous est due, mais aussi avec la franchise et la fermeté qui doivent présider à un pareil entretien.

» Il est inutile de frapper à notre porte, nous ne l'ouvrirons jamais !

» Ne vous récriez pas ! il n'y a, dans ma réponse, ni parti-pris ni fanatisme, pas même une étroitesse d'idées ; il n'y faut voir que la constatation d'une incompatibilité d'humeur absolue entre la République dont vous êtes les représentants, un

---

(1) Journal *l'Autorité*, du 7 décembre 1890.

peu inattendus, et celle dont j'ai l'honneur d'être le chef. Nous n'étions pas seulement divisés par un vain mot, alors que vous ne portiez pas la cocarde républicaine : nous le sommes encore aujourd'hui que vous l'arborez. Nos manières de voir sur les points fondamentaux de la politique nous séparent irrémédiablement.

» Vous détestez le régime parlementaire, et nous voulons le conserver parce qu'il est seul capable de préserver la France de la tyrannie d'un maître. Vous nous reprochez l'abaissement de notre pays et la diminution de son influence dans les conseils de l'Europe ; nous estimons au contraire que c'est à la sagesse de notre diplomatie qu'est due la paix du monde. Ce que vous appelez nos gaspillages financiers, n'ont eu pour cause qu'un désir ardent de couvrir le pays de moyens de communications nécessaires au développement de sa richesse et à la sécurité de ses frontières Quant à la persécution religieuse dont vous vous plaignez avec tant d'amertume et d'exagération, c'est la pratique de la philosophie républicaine, qui veut, peu à peu, sans aucune violence, substituer les certitudes de la raison aux poésies de la foi.

» Je n'ai pas la prétention de croire que mon gouvernement n'ait pas commis de fautes. Quel est celui qui n'en fait pas ? Mais nous restons dans notre voie et vous sortez de la vôtre : quelque grande que soit votre résignation en acceptant la forme de notre constitution, quelque sincérité que vous apportiez dans votre conversion, vous ne serez jamais des républicains comme nous et, sous prétexte de la rendre habitable, vous voulez une République habitée par vous et par vous seuls.

» Je vois, à quelques dénégations, que vous n'avez pas de prétentions au gouvernement, qu'aucune ambition personnelle ne vous anime. Permettez-moi, messieurs, de traiter cet étrange désintéressement de pure berquinade. Quand on sert une politique, on a le droit et le devoir de la pratiquer et de la défendre en gouvernant. Exigez-vous quand même que je croie à un désintéressement invraisemblable ? Soit ! mais vos amis ne seront pas aussi vertueux, car ils savent, si vous l'ignorez, qu'une doctrine abandonnée par ses défenseurs naturels est comme une place forte privée de ses soldats : elle est aussitôt prise et détruite par l'ennemi.

« Il faut enfin que vous trouviez légitime cette défense de nos principes que vous ne manqueriez pas de pratiquer au profit des vôtres si vous étiez au pouvoir ; je sais bien qu'en politique, on ne se pique pas d'impartialité, et que quelques-uns d'entre vous sourient quand nous parlons de nos principes, mais si je me mettais un instant sur le terrain de nos intérêts, est-ce que vous ne comprenez pas qu'ils nous conseillent plus impérieusement encore de ne jamais vous donner accès dans notre république !

« C'est, en effet, un axiome incontesté, que toute politique d'opposition qui parvient à s'imposer amène, au pouvoir, son défenseur attitré ; vous prendriez donc nos places, si nous avions la faiblesse de prendre vos doctrines.

« Quel avantage, d'ailleurs, pouvons-nous retirer de votre adhésion à la forme républicaine ? vous acceptez l'étiquette du sac, mais pour le remplir selon vos goûts. Que diriez-vous d'un gourmet qui se contenterait de la forme d'une bouteille sans s'inquiéter du vin qu'elle renferme ? Vous prétendez qu'en déblayant le terrain des discussions sur la Constitution, vous faites vers nous un pas dont nous sommes tenus d'être reconnaissants ; détrompez-vous, car vous aurez à nous reprocher notre ingratitude, tant que vous vous obstinerez à bourrer le sac de parchemins monarchiques et à remplir la bouteille de liqueur impériale.

« D'autres affirment qu'en restant dans no défenses nous repoussons un appel à la concorde entre tous les citoyens français ; combien grande est leur erreur ! La concorde ne renaît que lorsque des sentiments, jusqu'alors hostiles, se fondent dans un sentiment commun. En êtes-vous là et ne proclamez-vous pas partout que vos idées conservatrices sont inébranlables ? Alors, à quoi bon ce simulacre d'union, où manquerait la sincérité ? Les baisers Lamourette n'ont pas de lendemain.

» On a aussi prétendu qu'en vous ouvrant les portes de la république elle ne contiendrait plus de citoyens hostiles, mais seulement des adversaires courtois, comme le sont en Angleterre les whigs et les tories ; mais, dans notre pays, le chef de l'Etat est nommé par la majorité des députés, et par suite dépend d'eux d'une manière absolue ; n'est-il pas évident que le jour où cette majorité deviendrait conservatrice, elle aurait tout pouvoir sur ce chef d'Etat auquel elle imposerait et le nom et la politique qui lui conviendraient? Par de là le détroit, il y a une Royauté respectée et immuable qui plane au-dessus de tous les partis; chez nous, le Parlement est tout.

» Je vous quitte donc, messieurs, en vous prévenant loyalement que ni nos doctrines ni nos intérêts ne nous permettent de vous ouvrir les portes de la république: vous pouvez essayer de les forcer aux élections générales prochaines, mais nous nous défendrons. L'offre que vous nous faites de reconnaitre le nom de notre gouvernement est absolument insuffisante; elle ne nous désarmera pas. »

Il est bien entendu que nous ne garantissons que la vraisemblance de ce petit discours.

Ed. B.

LE DEVOIR DE NOS PRINCES

LE DEVOIR DE NOS PRINCES [1]

Les étrangers, juges impartiaux des différents partis qui se disputent le gouvernement de la France, s'étonnent que les conservateurs n'aient pas depuis longtemps reconquis le pouvoir [2]. En effet, nos soldats, aux deux dernières élections générales, étaient au nombre de trois millions et quelques cent mille ; c'est un chiffre formidable et inconnu dans notre histoire contemporaine où, sous tous les genres de monarchie, les électeurs n'envoyaient aux Parlements qu'une petite poignée d'intransigeants ; les opposants — à la marche et non la forme du gouvernement — tenant à honneur de proclamer leur fidélité dynastique ; c'est un chiffre encore plus considérable qu'il n'apparaît si on songe à l'immense légion de fonctionnaires privés de toute liberté électorale : il ne contient

(1) Ce que je dis de nos deux princes s'applique parfaitement au chef encore inconnu que les Droitiers Indépendants voudraient faire monter au fauteuil de la Présidence de la République.

(2) *Revue de la France Moderne* (Juin 1890).

d'ailleurs que des antirépublicains puisque depuis dix ans et, à quelques exceptions près, les candidats se [illegible] : les républicains d'une part et les conservateurs de l'autre. [illegible] s'il [illegible] un doute sur la sincérité de cette classification, il serait levé par l'aveu fait dernièrement à la Chambre et fait par un républicain fort éloquent (1) : il disait que tant que le gouvernement actuel aurait contre lui la *moitié* du pays, il devait s'attendre à une catastrophe prochaine, le gain de trois cent mille voix conquises par l'opposition pouvant le jeter à terre. Nous n'avons pas à discuter ici les moyens que propose l'honorable orateur pour parer au danger qu'il signale et à nous demander si on peut, par la douceur et les bons procédés, modifier les sentiments d'une majorité hargneuse ; il nous semble, à nous, que ces pratiques politiques dérivent immédiatement de la constitution parlementaire du pouvoir et non de l'intolérance originelle des hommes ; mais peu importe en ce moment, l'aveu public qu'on vient de faire suffit à notre démonstration,

(1) M. Deschanel. Discussion de la loi sur la Presse.

Notre armée est donc nombreuse et vaillante, car il faut un rare courage à nos paysans pour tenir tête à un [illegible] pour ceux qui lui [illegible] et de [illegible] pour ceux qui lui résistent. Seraient-ce donc les chefs qui lui ont manqué ?

Notre état-major est nombreux, composé d'hommes bien placés dans le monde [illegible] ne met en doute leurs lumières [illegible]ent très supérieures à celles de leurs adversaires, mais ils ont le défaut capital d'être divisés ; quand on se met en marche pour voter, soit avec le scrutin de liste, soit avec l'uninominal [illegible]me et inévitable compétition des candidats [illegible] pour eux une difficulté de premier [illegible]. Il y a des comités électoraux, mais [illegible] vent peu écoutés parce que leurs pouvoirs ne portent pas la marque officielle [illegible] Prince au nom duquel ils parlent, parce qu'aucun d'eux n'a de règles précises pour se conduire et une autorité suffisante pour se faire obéir. Un grand nombre de [illegible] traient [illegible] de mettre en ligne un nombre de candidats conservateurs égal à la moitié des sièges à pourvoir, laissant l'autre moitié à la disposition de son confrère en royauté ; tout autre partage ne sera jamais accepté par celui des deux auquel on ne concèdera pas l'égalité de traitement.

Nos Princes ont d'ailleurs à s'entendre sur un point bien autrement délicat. En effet, s'ils réussissaient à grouper autour d'eux une majorité d'opposants au régime actuel, ils n'auraient fait que substituer une guerre civile latente à une autre : le combat se livrerait entre royalistes et bonapartistes comme il se livre aujourd'hui entre conservateurs et républicains : le prince Victor occuperait un hôtel, le Comte de Paris un autre et l'on se battrait à la Chambre et dans les journaux jusqu'à ce que l'un d'eux fût entré à l'Elysée ; on suppose, d'ailleurs, un peu trop complaisamment, que ce palais serait abandonné sans discussion par son locataire actuel.

Il est manifeste qu'une pareille victoire ne mènerait à rien, que les électeurs s'en apercevraient à l'avance, que leur zèle pourrait en être fort ralenti et enfin que le pays qui a soif d'une solution ne serait pas encore récompensé de ses efforts. Si donc l'égalité, quant au nombre des candidats, est nécessaire, l'unité de doctrine ne l'est pas moins. Evidemment, on ne saurait exiger de chaque parti qu'il abandonne volontairement le but particulier qu'il poursuit ; aussi l'unité ne s'entend et ne s'impose que du moyen accepté à l'avance par les concurrents pour *éliminer l'un d'eux* ; personne sans doute n'a la prétention d'asseoir sur le trône de France deux princes à la fois, ainsi que cela se pratique au Japon.

***

Quel est donc le meilleur mode d'élimination ?

Dans nos programmes de 1885, on n'en parlait pas ; on se disait conservateur et l'on croyait avoir tout dit : la suprême habileté consistait à mettre son drapeau dans sa poche et à se déclarer partisan convaincu des grands principes sociaux : c'était notoirement insuffisant, car, pour si grands qu'ils fussent, ces principes n'en étaient pas moins vagues et n'indiquaient aucun moyen de choisir entre des gouvernements ayant une égale prétention à défendre utilement la société.

En 1889, on chercha à combler la lacune de notre ancienne profession de foi, et nos candidats s'engagèrent presque tous envers la souveraineté nationale, confiant ainsi au peuple français le soin de choisir entre les deux concurrents au pouvoir. Le problème semblait résolu, mais notre pratique laissa beaucoup à désirer : il y a, en effet, bien des manières de recourir au jugement du pays. M. le Comte de Paris inclinait vers la constituante sans exclure le plebiscite et le Prince Victor inclinait au plébiscite sans repousser la constituante : il est résulté de ces *désirs* princiers qui avaient le tort de n'être pas des *ordres*, que chacun de nous mit dans son programme la dose qui lui plaisait de l'un ou de l'autre médicament, et que finalement l'unité de doctrine fit encore défaut.

Il faut donc se décider entre les deux moyens connus de faire appel au pays. Pour un bonapartiste le choix est tout fait : c'est le plébiscite qu'il préfère. D'abord parce que la constitution nouvelle doit se proposer la fin du régime parlementaire, et que pour toucher à ce but, il faut que le peuple tout entier nomme le chef de l'Etat — un chef nommé par le Parlement étant toujours dépendant de lui — alors, à quoi bon passer par la constituante puisque nous pouvons décréter immédiatemment la réunion du peuple dans les comices électoraux ? Ensuite, il faut s'attendre à ce que cette constituante mette des mois, peut être même une année à achever son œuvre, et, pendant le temps de cette gestation, la population, fort légitimement agitée, s'occupera plus de politique que d'affaires ; d'ailleurs après un accouchement laborieux, elle aura encore à convoquer le peuple pour choisir le chef de l'Etat. Le plébiscite, au contraire, fait en un jour les deux besognes à la fois ; il choisit le chef et en même temps la constitution qu'il sera chargé de mettre en œuvre ; tous les électeurs connaissent à l'avance les grandes lignes des constitutions diverses apportées par le prince Victor, par M. le Comte de Paris, par M. Carnot, par M. Clémenceau ou par un Blanquiste encore inconnu proposant à ses concitoyens l'absence absolue de gouvernement qui lui permettra de mettre à sac la société. Cette constituante a enfin le défaut le plus capital qu'on puisse reprocher à un appel au pays, elle entrave, dans un grand nombre de cas, la liberté de l'électeur ; celui-ci peut se trouver, en effet, dans l'obligation morale de voter pour un candidat qui ne répond pas à ses opinions, soit parce qu'il n'existe pas dans la localité un candidat qui les représente soit parce qu'il est lié par intérêt ou par affection avec un autre qui ne les représente pas.

⁂

Si l'on pense toujours que l'un des deux partis conservateurs ne peut à lui seul combattre utilement la République actuelle, si l'on est par conséquent décidé à s'unir une fois encore, il faut le faire sérieusement.

Or l'entente entre les soldats ne sera jamais complète, tant qu'elle ne sera pas faite préalablement entre leurs grands chefs. Pour prouver leur union nos deux princes pourraient adopter le programme suivant :

Art. 1er. — Les candidats impérialistes et royalistes seront en nombre égal à la prochaine élection générale.

Art. 2. — Les candidats signeront une profession de foi commune contenant l'engagement de convoquer le peuple pour nommer le chef de l'Etat dans le délai de quinze jours après leur élection.

Art. 3. — Le dépouillement du scrutin aura lieu dans une ville de province, où siégeront les députés, jusqu'à ce que le chef de l'Etat soit proclamé et installé.

Il est bien entendu que c'est là le sens et non la lettre précise du programme que nous voudrions voir signer pour nos Princes.

Terminons en présentant nos respects à ces augustes personnages et en nous excusant de leur donner des conseils qu'ils n'ont pas demandés.

A UN DROITIER INDÉPENDANT

A UN DROITIER INDÉPENDANT[1]

Mon cher député,

Il n'est bruit dans le monde que de votre conversion à la République, et vous aurez bientôt à faire connaître publiquement à la tribune le but que vous poursuivez et les moyens dont vous disposez pour l'atteindre.

La Droite qui se dit indépendante, en attendant qu'elle s'avoue républicaine, ouvrira alors un débat qui n'est pas de mince importance, car de ses paroles et de ses votes on pourra conclure à la cohésion ou à la dispersion des forces conservatrices dans le Parlement et bientôt après dans le pays.

Cette évolution est-elle l'aurore de notre renaissance, ou l'instrument de notre perte définitive ? Jusqu'à ce que vous m'ayez éclairé, je penche vers cette dernière hypothèse ; vous me rendriez donc grand service, et à bien d'autres

---

(1) Le journal l'*Autorité*, du 8 février 1891

encore qui pensent comme moi, si vous parveniez par avance à dissiper les obscurités dont le parti nouveau est encore entouré.

La Droite indépendante naquit un jour de découragement.

« Puisque, disaient les découragés, nous ne » pouvons pour le moment rétablir l'une ou l'au- » tre des monarchies, essayons d'entrer dans la » république afin de l'assagir, ce sera utile au » pays, qui d'ailleurs se lasse de nos inutiles la- » mentations. » Il est certain que les plaintes ne servent aucun parti, mais il reste à savoir si nous pouvons entrer dans la république en restant conservateurs.

Examinons.

Le schisme n'est pas d'hier et, depuis l'époque où Raoul Duval s'en déclara le chef, il a fait de grands progrès ; nombre de gens de talent, soutenus par une presse autorisée, se sont jetés dans le mouvement et recommencent une campagne toujours inutilement tentée depuis un siècle ; ils rêvent encore une fois de ce mariage contre nature entre le conservateur et la république, de cette union boiteuse qui se dénoue toujours par un divorce éclatant.

Le futur a déjà déposé dans la corbeille les assurances formelles d'un concours aussi actif que désintéressé, et il espérait, par cette démarche gracieuse, obtenir d'abord les sympathies des nouveaux venus à la Chambre, de ceux qui n'ont encore d'attaches officielles avec aucun parti.

Cette espérance s'est bientôt évanouie ; les sourires des droitiers aventureux sont tombés dans le vide, et leurs empressements vers la république ont en quelque sorte redoublé le mauvais vouloir des républicains anciens ou nouveaux : dix tentatives récentes ne permettent plus de doutes à ce sujet ; nos gouvernants sont et restent intraitables, fuyant la conciliation comme un danger, et lorsqu'un cardinal leur apporta *les secours de la religion*, on lui répondit vertement par un impôt destiné à tuer dans un bref délai un grand nombre de congrégations religieuses.

Avec un peu plus de réflexion, avec un sens politique un peu plus affiné, on aurait évité ces mésaventures. Il est évident que les hommes investis du pouvoir ne se soucient jamais de l'abandonner bénévolement à leurs adversaires et ne serait-ce pas faire cet abandon que d'adopter peu à peu les programmes de l'opposition ? Quand la thèse politique, soutenue par un homme ou un parti, finit par se concilier les faveurs de l'opinion et s'impose à la Chambre, l'homme et le parti arrivent inévitablement au pouvoir : c'est là un fait constant. Si les républicains acceptaient les idées de M. Delafosse, ils le désigneraient comme le successeur prochain de M. Ribot ; s'ils avaient la faiblesse d'applaudir M. Piou quand il parle sur nos finances, ils le sacreraient le rival et bientôt le vainqueur de M. Rouvier.

Peu importe donc à nos gouvernants que leurs nouveaux alliés consentent à accepter l'étiquette du sac républicain, si ces derniers ne font pas en même temps litière de tous les programmes conservateurs qu'ils ont défendus jusqu'ici comme on défend l'honneur de sa vie et la dignité de son nom. Se dire républicain et rester le défenseur du droit du peuple à choisir son gouvernement, le défenseur de la liberté de conscience, de la discipline morale et matérielle, de la probité et de l'économie dans nos finances, ce n'est pas faire une concession aux hommes du jour, c'est plutôt leur révéler un nouveau péril, qu'ils combattront comme ils savent combattre pour les honneurs dont ils sont entourés et pour les profits qu'ils en retirent.

Tant que le Parlement restera composé comme il l'est, les indépendants n'ont aucune chance d'entrer dans la république, et par conséquent de l'assagir : le moyen inventé par Raoul Duval est donc pour le moment détestable, et si ses élèves s'obstinent à recevoir stoïquement les rebuffades de la majorité, ils n'auront plus droit qu'à cette pitié spéciale que peut inspirer un si singulier martyr.

Mais je me hâte d'ajouter, mon cher député, que vos amis sont trop avisés pour ne pas avoir compris l'inutilité de leurs efforrs dans l'enceinte de la Chambre ; c'est par les fenêtres du Palais-Bourbon qu'ils parlent au pays, préparant ainsi leur triomphe, au jour où ils solliciteront « les » suffrages d'un peuple intelligent et impartial » qui leur saura bon gré, disent-ils, d'accepter le » vain mot de république, si ce mince sacrifice » doit nous sortir d'embarras et nous économiser » une révolution. »

Soit ! Nous voici arrivés à ce grand jour des élections générales : il vous faut un programme, quel sera-t-il ? Ce sera celui des conservateurs abrités par le drapeau républicain : point de doute à ce sujet, car si vos gens peuvent se tromper, se sont d'abord d'honnêtes gens qui n'entendent tromper personne ; ce qu'ils veulent, c'est *leur* République, comme le disait l'autre jour à la Chambre M. Cunéo d'Ornano, et non celle d'aujourd'hui. Alors, tous les conservateurs courront un vrai danger.

Vous n'espérez pas, en effet, que la plus grande partie de la droite consentira à porter votre drapeau ; vous ne croyez pas davantage que les trois millions d'électeurs qui ont assuré jusqu'ici la fortune politique de ces candidats et combattu ceux du gouvernement viennent tout à coup, et en masse, à changer de conduite. Au jour de la grande bataille, nous aurons donc deux ou trois drapeaux, et alors c'est la division, la fatale division qui, seule, fait le succès de nos ennemis !

Et c'est ainsi que vous prétendez entrer dans la république du jour et l'assagir ! Ne croyez-vous pas, au contraire, que c'est le vrai moyen de l'éterniser ?

On reste d'ailleurs confondu en voyant nos néo-républicains abandonner ainsi leur unique chance de victoire ; leur république, à eux, c'est la république antiparlementaire, et quel est le seul, l'unique moyen de constituer ce régime politique, n'est-ce pas de faire élire le chef de l'Etat — de quelque nom d'ailleurs que la France le baptise — par le peuple tout entier? Avec cette investiture et avec celle-là seulement, ce chef sera supérieur au Parlement, ainsi rendu à sa mission naturelle, qui est de contrôler et non de gouverner. Pourquoi donc les indépendants se sépareraient-ils de la Droite? Pour quelle raison déserteraient-ils le terrain si solide de la consultation populaire préalable qu'hier encore nous regardions tous comme le programme sauveur? Le lendemain du jour où la nation recouvrerait sa liberté d'action, est-ce que la Droite nouvelle ne pourrait pas exercer la sienne propre en proposant aux suffrages des électeurs un représentant de ses opinions?

La rapide esquisse que je viens de faire de ces Droitiers fin de siècle et de leurs moyens d'action serait incomplète si je ne disais un mot de certains d'entre eux, qui s'appuient et en quelque sorte sommeillent sur une thèse singulière: las de leurs efforts, ils se croisent les bras et s'en remettent à la grâce de Dieu (c'est le nom qu'ils donnent à la révolution violente qu'ils souhaitent) du soin d'améliorer leurs affaires. A quoi bon, disent-ils, s'occuper désormais d'électeurs et d'élections, de majorités à conquérir, de saines doctrines à répandre dans le pays ? Fadaises, puérilités, vieux jeux, que ces moyens pacifiques, et ils se délectent en pensant aux coups de feu sauveurs qu'ils conseilleront sans doute ardemment, mais peut-être de loin. La vérité, la grande probabilité, c'est qu'on ne sonnera pas d'ici à deux ans le branlebas de combat, et qu'il est, au contraire, certain qu'à cette date les élections générales auront lieu : il faut donc s'y préparer.

En résumé, je pense qu'on ne peut rien obtenir des républicains actuellement au pouvoir ; qu'il est nécessaire de recourir à la nation pour retrouver une majorité conservatrice ; que cette majorité ne peut être obtenue qu'en groupant sous un drapeau commun toutes les forces dont nous disposons ; que cette première victoire est impossible si dans nos rangs on crie : Vive l'Empereur, vive le Roi ou vive la République ! — que c'est après le premier succès seulement que chacun de nous recouvrera la liberté de son choix en proposant aux suffrages populaires son chef préféré.

A votre tour, mon cher député, qu'en pensez-vous ?

DIALOGUE D'UN MORT ET TROIS VIVANTS

DIALOGUE
D'Un Mort et de Trois Vivants [1]

PERSONNAGES

Léon
Philippe
Sadi
Victor

La scène se passe dans le salon blanc du palais de l'Élysée, — Il est minuit; — Sadi, Victor er Philippe prennent place sur des sièges rangés en face de la cheminée sur laquelle est posé le buste de Léon.

SADI

Princes et toi Léon, je vous ai réunis pour que vous m'aidiez de vos lumières.

Le gouvernement me devient de plus en plus difficile; devant l'opinion je suis responsable de tout et je n'ai la liberté de rien, j'ai cru jadis que la souveraineté du Parlement était un frein nécessaire aux caprices du chef de l'État, elle m'ap-

---

(1) *Revue de la France Moderne* (juillet 1890).

paraît aujourd'hui comme le pire des despotismes, celui de gens âpres au gain, enfiévrés des ambitions les moins justifiées, et, à raison même de leur nombre, absolument irresponsables. Toutes mes intentions sont dénaturées, et le peu de bien que je voudrais faire m'est interdit par des ministres qui me sont imposés bien que je paraisse les nommer; ils ne sont même pas les maîtres chez eux, car ils obéissent à leur tour aux différents groupes de la Chambre, dont les votes peuvent les maintenir en place ou les chasser de leurs ministères.

Dans ces conditions, le pouvoir qu'on appelle encore suprême n'est plus qu'une absurde et pitoyable plaisanterie; au lieu d'être un arbitre impartial entre les intérêts et les passions, qui varient de régions, à régions et qui se combattront sans cesse tant qu'il n'existera pas un juge pour les départager, au lieu d'être le dénominateur commun de ces fractions hostiles, je ne suis que le jouet des députés qui les représentent, et selon les hasards des majorités parlementaires toujours changeantes, il me faut signer des décrets qui se contredisent, accepter une règle de conduite que j'ai refusée la veille, décorer un jour des sœurs de charité, et les expulser le lendemain, parler de conciliation et avoir recours à la force, enfin me démentir sans cesse et prouver que, sous la République, le président est l'unique citoyen qui n'ait pas le droit d'avoir une opinion.

En présence d'un gouvernement aussi tiraillé et aussi mobile, vous devinez l'autorité que peut avoir la France à l'étranger et les amertumes d'un chef d'Etat obligé de comparer le rôle que nous avions autrefois, dans le règlement de toutes les questions internationales, avec celui que nous avons aujour'hui.

Je suis las de toutes ces contradictions, j'en ai assez de toutes ces misères, et j'aime mieux rentrer obscurément dans ma famille que de continuer d'être une machine à signatures ; à défaut d'autres mérites, j'entends laisser à mes enfants la réputation d'un homme probe et honnête, et ce n'est être ni l'un ni l'autre que de paraître approuver des mesures qui me répugnent, et de laisser croire que j'oublie celles qui me tiennent le plus au cœur.

Que faut-il que je fasse ?

LÉON

Tu ne feras jamais rien de bon avec tous les sous-vétérinaires de la Chambre.

VICTOR

Ce ne sont pas les hommes qui sont mauvais ; c'est la Constitution qui est détestable.

PHILIPPE

Sans doute, la Constitution laisse beaucoup à désirer, mais je ne crois pas que le régime parlementaire, que l'on charge de tous les péchés d'Israël, soit le seul coupable ; ce régime, sainement entendu et appliqué avec modération, peut rendre encore de grands services, à condition qu'on ne le prive pas de son rouage essentiel qui est le Roi ; sans ce personnage traditionnel, qui est seul capable de résistance aux entraînements irréfléchis, le Parlement n'est plus, en effet, qu'une réunion d'hommes, où les ardents et les intéressés dominent les patriotes, et auquel il est de la plus haute imprudence de confier le pouvoir souverain,

Avec un parlement contenu par la Royauté, la France a connu des jours prospères ; préservée des utopies radicales et des enivrements d'une gloire qui a de tristes lendemains : elle a été sagement heureuse.

LÉON

Le Roi, pour remplir utilement son rôle, pour retrouver l'autorité que l'on regarde, avec raison, comme nécessaire, doit être l'élu du peuple ; la tradition n'y suffit plus,

VICTOR

Il y a des moments dans la vie de toutes les grandes nations où elles ne se contentent pas d'un *bonheur sage* ; elles veulent parfois connaître les ivresses du triomphe qui ramènent au gouvernement les âmes éprises de grandeur et toute la jeunesse que ses ardeurs et son penchant naturels portent vers l'opposition. Pour gouverner utilement, il faut donc parfois accepter les épreuves que Dieu nous impose, sans cesser de prendre pour appuis les gens de savoir et de tradition, les hommes mûris par l'expérience dont on ne dédaignerait pas les conseils sans faire courir au pouvoir les plus graves dangers. Le régime parlementaire, qui est d'une pratique difficile dans les jours calmes, est d'ailleurs un péril en temps de crises. Ce ne sont pas nos princes, mais les parlements souverains de 1815 et de 1870 qui ont changé nos défaites en désastres.

SADI

Quelles que soient vos divergences de vue au sujet du passé, vous semblez tous trois d'accord pour me conseiller une modification à la Contitution.

VICTOR

Il vous faut, monsieur le Président, prendre l'initiative d'une revision franche et complète, qui groupera autour de vous les honnêtes gens de tous les partis.

SADI

A qui demandera-t-on cette revision ?

VICTOR

Au peuple rassemblé à cet effet dans ses comices.

SADI (à Philippe)

Acceptez-vous le principe de cette solution ?

PHILIPPE

Oui, monsieur le Président.

SADI

La République va donc être de nouveau soumise au vote du Pays ?

PHILIPPE

Non pas à nouveau, car c'est la première fois qu'elle subira cette épreuve.

VICTOR

Sans cet assentiment, vous ne serez jamais que le très humble serviteur du Parlement qui vous a nommé ; il ne saurait d'ailleurs vous convenir de suivre les traces du général Boulanger qui mettait la République au-dessus de la France.

SADI (hésitant)

Cependant, ce n'est pas sans un grand trouble que je prendrais une aussi grave détermination : le pays sera légitimement inquiet, si on remet tout en question. Sans doute on peut contester la légitimité de ce gouvernement, car je n'ignore pas que la nomination de députés même républicains, ne prouve que fort indirectement le goût du pays pour la république ; sans doute on peut rappeler aussi notre origine, troublée par la présence de l'étranger ; mais n'est-il pas évident que nous sommes tous las des révolutions et qu'on souhaite d'améliorer plus que de renverser ? D'ailleurs, une tradition, une existence de vingt ans constituent des forces qui ne sauraient être négligées : bien des intérêts nouveaux, bien des ambitions ardentes s'abritent aujourd'hui sous ses plis du drapeau républicain : quelle perturbation dans les habitudes ! Quelle rage d'opposition ne faudrait-il pas redouter si ce drapeau venait à disparaître !

PHILIPPE

Il n'est pas du tout certain qu'il disparût, surtout si vous ne laissez pas à l'opposition l'honneur d'une revision qui vous parait nécessaire.

VICTOR

Le désordre n'est à redouter que lorsqu'on gouverne contre le vœu du peuple : quand on l'a pour soi, la paix est faite. C'est en rejetant la revision que vous déchainerez tôt ou tard la révolution.

SADI

Pourquoi me conseillez-vous l'appel au pays, si vous pensez que j'en dois bénéficier ?

VICTOR ET PHILIPPE

Nous n'affirmons pas que vous en serez le bénéficiaire, nous pensons seulement que vos chances sont grandes ; d'ailleurs, la République ainsi légitimée, deviendrait tolérante et habitable parce que son autorité ne serait plus contestée : le bien du pays satisfera nos ambitions.

SADI

Qui me garantira votre sagesse, dans l'hypothèse de mon succès.

VICTOR ET PHILIPPE

L'impossibilité de mal faire ; nous ne serions suivis de personne, si nous nous révoltions contre le vœu du pays aussi clairement manifesté.

SADI

A supposer que la difficulté de gouverner dans les conditions où je me trouve, m'incline à demander aux pouvoirs publics l'autorisation d'un plébiscite, ou à donner ma démission si on me le refuse, il faudrait nous mettre d'accord sur la procédure à suivre ; supposons qu'il y ait pour candidats au pouvoir : Philippe, Roi ; Victor, Empereur, Sadi, Républicain plébiscitaire ; X, Républicain parlementaire ; Y, Républicain radical ; comment se ferait le décompte des voix ?

LÉON

Le procédé est des plus simples : si l'un des candidats obtient la moitié plus un des votes exprimés, il est proclamé chef de l'Etat et gouverne sous le titre qu'il a pris devant les électeurs ; dans le cas contraire, on fera deux masses, l'une des voix républicaines et l'autre des voix monarchiques, et la plus forte sera seule admise à faire concourir ses candidats au second tour de scrutin.

SADI (à Victor)

Cette procédure a-t-elle votre assentiment ?

VICTOR

Oui !

PHILIPPE

Oui !

LÉON (à Sadi)

J'ai toujours dit que les gouvernements modernes ne puisent leur légitimité que dans le plébiscite. Pourquoi hésiterais-tu ? Il ne faut pas exagérer la force et la popularité de ces messieurs les princes : il n'y a d'ailleurs que ce moyen d'obtenir une autorité supérieure à celle du Parlement: ne te laisses pas détourner de la bonne voie par ce vain mot de dictature qu'on ne manquera pas de te jeter à la tête, comme on l'a fait pour moi ; dans toute boutique, politique ou autre, il faut un patron. Le grand jour du vote étant arrivé, si, comme je n'en doute pas, tu es vainqueur — car seul tu disposeras de toutes les forces du gouvernement, — tu auras rendu à la République un service historique; elle sera définitivement assise au lieu d'être indéfiniment campée.

SADI (aux Princes)

Messeigneurs, je vous remercie ; vous trouverez naturel que j'aie besoin de réfléchir avant de prendre le grand parti que vous me proposez. (Les princes sortent).

SADI (se dirige vers la cheminée et prend le buste dans ses bras).

Je vais remonter Léon au grenier, il est si bavard qu'il pourrait tout raconter à mes invités ?

LES DEUX PROFESSIONS DE FOI

LES

DEUX PROFESSIONS DE FOI

LETTRE (1)

ADRESSÉE A

M. GUYON, Directeur de *La Patrie*

MON CHER DIRECTEUR,

Puisque vous avez bien voulu donner mon opinion dans la querelle qui divise les Droitiers monarchistes et les Droitiers indépendants, permettez-moi de signer ma conclusion dans ce très intéressant et très utile débat.

On est peut-être plus près de s'entendre qu'on ne le pense, et il faut d'abord que les deux rivaux sachent bien que personne ne les oblige à dissimuler leurs drapeaux respectifs.

Je suppose qu'aux approches de 1893 un Indépendant signe le programme que voici :

Je suis conservateur et républicain, mais comme

(1) Journal *La Patrie*, du 18 Février 1891.

depuis 1870 le Pays n'a jamais été consulté directement sur le choix de son gouvernement et que l'élection de nombreux députés républicains ne peut donner qu'une indication confuse de ses préférences à ce sujet; comme d'ailleurs je n'entends pas mettre les miennes au-dessus de celles du pays, je m'engage, si je suis nommé, à voter en faveur de l'élection par le peuple du chef de l'État; cette élection aura, en outre, l'avantage de nous donner un chef supérieur au Parlement et, par suite, capable de remplir utilement sa haute fonction.

Est-ce que cette circulaire, en changeant le mot de républicain en celui de royaliste ou d'impérialiste, ne pourrait pas être signée par les candidats conservateurs qui ne sont pas Indépendants? Ainsi disparaîtrait la cause la plus apparente de la querelle, puisque chaque parti aurait la liberté de porter son drapeau particulier sans que cette diversité nuise en rien à la communauté des efforts tentés en vue d'un fait certain et immédiat : le recours au Pays.

Supposons, au contraire, que le Droitier Indépendant signe la circulaire suivante :

Je suis conservateur et républicain, mais, quoi-

que le Pays n'ait jamais été consulté directement depuis 1870 sur le choix de son gouvernement, j'estime que l'élection de nombreux députés républicains est une indication suffisamment précise de ses préférences à ce sujet ; je m'engage donc, si, ie suis nommé, à ne pas consulter la volonté nationale sur la forme de gouvernement qu'elle souhaite.

Ainsi libellé, ce programme n'aura jamais l'adhésion des royalistes, encore moins celle des impérialistes, et si les Indépendants l'acceptent, c'en est fait de notre espérance de vaincre les républicains du jour. L'union étant désormais impossible entre conservateurs, la cause conservatrice sera vaincue : avec la première circulaire on peut espérer l'élection de 300 de nos candidats, avec la seconde on n'en obtiendra pas 80 : entre ces deux professions de foi, il y a la distance qui sépare le bien du mal, il y a le salut ou la perte du Pays.

Mais gardons bon courage et bon espoir ; c'est l'union qui triomphera. La souveraineté nationale s'entend de la consultation directe du peuple sur le choix de son gouvernement, c'est ainsi qu'elle fut toujours entendue et appliquée, et nos amis les Indépendants qui se réclament de ce principe sauveur, avec un éclat, avec une sincérité que personne n'a le droit de contester, l'entendent également de la sorte ; ils l'invoquent en effet en présence de cette majorité de députés ministériels à laquelle les républicains seuls accordent les caractères et les vertus du plébiscite.

Encore une fois, il ne s'agit pour le moment ni d'Empire, ni de Royauté, ni de République, il faut avant tout sauver le patrimoine commun des principes conservateurs ; c'est seulement au lendemain de la victoire que le peuple donnera à l'édifice reconstitué son nom et son chef.

Agrez, mon cher Directeur..., etc.

PARIS. — IMP. CHARLES SCHLAEBER, 257, RUE SAINT-HONORÉ.